안녕이 저만치 걸어가네

국립중앙도서관 출판예정도서목록(CIP)

안녕이 저만치 걸어가네 : 신영연 시집 / 지은이 : 신영연.
-- 서울 : 詩와에세이, 2015
128P. : 127×206㎝

ISBN 979-11-86111-11-6 03810 : ₩8000

한국 현대시[韓國現代詩]

811.7-KDC6
895.715-DDC23   CIP2015024436

안녕이 저만치 걸어가네

신영연 시집

詩와에세이

2015

차례__

제1부

바퀴의 궤적 · 11
가자! · 12
암·수의 글자들이 · 14
주인은 어디 가고 · 16
말을 하자면 말이야 · 18
꽃길에 나는 · 20
물결의 책장 · 22
바코드의 족보 · 24
뼈 없는 것의 행로 · 25
물의 사생아 · 26
목숨 건 한 말씀 · 28
섬 · 30
토끼 날다 · 32
얼음책 · 34
부메랑효과 · 36

제2부

달팽이의 노래 · 39
올챙이비 · 40
자유에는 날개가 없다 · 42
속도의 비대칭 · 44
그만하신가 · 46
신호등 · 48
별빛 타고 · 50
ing · 52
목선의 각도 · 54
빗방울 · 55
어린 골목 · 56
물 만난 남자 · 58
돈, 꽃 · 60
말랑말랑 어지럼증 · 62
어둠의 모자 · 64

제3부

꽃신을 신고 · 69
소리꽃 1 · 70
소리꽃 2 · 72
정원에 피어난 그녀 · 74
간이 맞니? · 76
둥근 오락실 · 78
남새파도의 메시지 · 79
몸의 압류 · 80
연애의 법칙 · 82
조율의 필요학 · 83
4분의 3박자 · 84
천당 가는 길 · 86
천도재 · 88
의자 · 90

제4부

무감한 통증 · 93
얼룩 · 94
저수지 · 96
이상기류 · 98
가시개미 · 100
오토트로트 · 101
종점호텔 · 102
현상 부재 · 103
다리 · 104
조루증 · 106
돌 · 107
소금꽃 · 108
그린 마일 · 110
채석강 · 112

해설 · 113
시인의 말 · 127

제1부

바퀴의 궤적

바퀴 위에서 흔들리는 소리, 그
진동에 따라 바람은 시시각각 태어난다
출생의 비밀이 거기부터라는 듯
바람에 풍경을 실은 바퀴가 굴러간다
수세기의 무게가 휘황휘황 열린 구멍에
한 생을 끼우자 바퀴는 휘청 궁구른다
소란한 길 위에서의 둥근 멀미
원점으로 돌아가는 길이라고
온전한 참말이라고 바퀴는 궤적을 그린다
시끄러운 일자 입을 막으며
투명한 바람의 자식을 낳으며 간다
한 시대의 무게와 상생의 중력으로
울퉁불퉁 쿨렁쿨렁 바퀴가 굴러간다

가자!

가자,
밥줄에 연연하지 말고
한 번쯤은 내 뜻대로
펀치를 날려보자

빨간 줄 파란 줄
내키는 문장에 덧칠도 하고
군중의 발소리 멀도록
어슬렁거리기도 하다가

어둠의 엉덩이서 태어나는 해의 산파도 돼보는 것이다

과감히 처버린 동어반복과
당신이 들려준 줄거리와
어젯밤 꿈을 편집해 만든 색동저고리 입고
서른여덟 번째 계단에서 피리를 분다

뼈로 서고 귀가 열리거든

소리야 가자
메마른 방죽에 단비로 가자
산비탈 피어난 캄파눌라 향기로 가자
찍히지 않은 새살에 손금으로 가자

아직은 백지 위를 뛰어도 될 싱싱한 시간이다

암·수의 글자들이

먼지 가득한 책장을 털어내자
오래 입 다문
말씀들이 갸글갸글 굴러 떨어진다

옳거니,
오른발을 건너편으로 쭉 뻗어 달아나는 한 말씀을 담고자 한다
귀에 들지 못하고 서성인 날들이 색 바랜 신발처럼 물색없더니
이제야 돌아와 고개 조아리게 하는가
한때는 소나무로 서 있다가
한때는 연리지로 보듬어도 보았으나
도무지 유전자는 닮아지는 것이 아니라는 문구만 뒷골을 때렸다

빗물에 바짓단이 젖고 오랫동안 골똘히
그리고 잠시
저녁 메뉴를 잊고 사색을 떠올렸을 그때도

책들의 반란은 이미
칸칸이 빼곡한 책장에서 시작되었다는 추론이다
간극을 더 이상 좁히지 못할 각이 선명한 그곳에서
책에도 암·수가 있어
말씀의 새끼들을 출산했다는 사실이다

주인은 어디 가고

문을 열지 마시오

이른 아침 점령당한 고요 속으로 한 사내가 스며든다 35층 허공에서 지그잭지그잭 뿌연 유릿막에 사내가 찍힌다

유리문을 통과해 유유히 걸어 나온 사내는 외줄에 몸을 싣고 남서풍, 북서풍을 진두지휘한다
절도 있는 모션을 선보인다

평지풍파를 지나고 나서야 잡은 줄이라는 이론은 흙탕물로 흘러내린다
타협점을 찾아야 해요

기러기들이 한차례 허공에 길을 만들어주었으나 사내는 지름길을 택하지 않았다 얼룩이 조금씩 지워지며 사내의 전생과 설핏 마주쳤다

빵모자에 근육이 가려 생년월일이 나타나지 않았기에

단잠에서 깨어나 대청소를 한다
툭! 투둑

착지를 위해 낙하하는 거미의 전생을 대신 거슬러 올라가본다 후미진 사각지대, 칸칸해서 더 위태로운,

우주의 집 한 채 걸리어 있다

말을 하자면 말이야

끝은 없는 거야
마침표는 시작의 다른 이름이지
산다는 것은
언어를 마중 나가는 일의 연속이라니까

오지 않을 날들에 새끼를 걸고
생의 전부가 당신이 되고
때때로 피눈물로 온몸이 젖고
디딤돌로 밟고 가라는 꿈을 만나서는
신생의 발자국에

처음인 것처럼 뜨겁게 눈 맞추면

쉼표만큼 달려가선 수줍게 말하지
내가 들리느냐고,

있잖아
우리가 찾아 나선 언어는 말이야

사유에 코드를 꽂고
인간을 빌어 살아가는 거라니까

꽃길에 나는

창문이 온몸을 흔들어 가뭇한 겨울을 배웅할 때
나는 하얗고 노란 나비였는데
앵두입술 닮은 봄과 나란히 꽃구경을 나갔더랬다

천방의 지축은 도솔레미 높이에서 줄넘기를 하고
아지랑이 대지에 온기를
지피고 있을 때는 모락모락 토끼의 낮잠시간이었다

가파르게 날아온
새의 발자국이 고목의 가지에 잎으로 찍혔다

푸르릉 푸르릉 흔들리며 잎사귀로 자라는 동안
시곗바늘은 두 시 사십 분을 향해 달려가고 있다

짙어가는 색의 합창은 계속될 것이기에 향기로 버무려
질 오후에는
집으로 가는 문을 찾아야 한다

허공으로 기지개를 펴는 질감의 박자에 톡톡톡 꽃문 열리는 소리,
　산도 들도 다람쥐도 사장조로 어깨를 들썩인다
　바람이 중음으로 스치자
　노래가 문으로 열리고 나는 배경으로 찍힌다

물결의 책장

체온이 남아있는 물비늘 위에 음표를 적어요
고개 내미는 돌고래의 등뼈로 책장을 만들었지요

언어로 이은 문장을 입에 문 새를 보세요

날개가 찍어내는 쉼표와 콤마 사이
나의 바람은 치사량의 그늘
나뭇잎은 높낮이로 홍얼거려요

나는 음표를 들여다보며
고독의 깊이에 대해 생각해요
말을 이해하기 위해 우리에겐
얼마나 큰 달팽이관이 필요한 걸까요

도착하지 않은 편지만이 발자국을 찍네요
불규칙한 심장소리에 귀 기울여보는 거예요

물결 문이 열릴지도 모르니까

마른 낙엽은 밤새도록 곤두박질치는 장면을 상영 중이에요
열 개의 손가락을 펴자
지금껏 들어보지 못한 음악이 허공을 물들여요

그곳에서도 당신
물결의 음파를, 새의 연주가 들리시나요

바코드의 족보

 파리는 두 손 모아 비벼대고 무인 인식기는 나를 인지하지 못한다 내 손모가지를 싹뚝 꺾으면 지문을 키우며 싹이 나서 잎이 나서* 푸르러질지 몰라
 바코드가 있는 것들에 빛을 쏘이면 25864215············ 자진 납세를 한다 12년산 딤플은 삼만삼천 원이면 하룻밤은 족히 죽었다 살아날 수 있다 새우깡 한 봉지로 입술이 얼얼할 동안 새우 등껍질을 몇 번 어루만졌을 뿐, 엄지를 정중앙에 대시오 지문을 읽을 수 없습니다 다시, 다시, 하늘을 날 수 있는 날개가 없습니다 당신은 먹구름을 마실 수 없습니다
 지문 없는 몸통을 우로, 좌로, 정면으로 스캔한다 은행에서, 골목에서, 여권을 만들러간 시청에서, 무의식은 딸꾹질로 행방을 재촉한다 거리의 낙엽들 불규칙한 속도로 내게 바코드를 들이댄다

* 박순원 시인의 시 「주먹이 운다」에서 인용

뼈 없는 것의 행로

모름지기 사랑을 했다

뼈 없이 좋은 날들이 흘러갔다

술래잡기 놀이에 열중이었고

혀에 바늘이 숨어 산다는 걸 모르던 때였다

그의 혓바늘에 찔린 상처, 별이 뜬다

물의 사생아

  한마디를 건너는 중이다
  빛이 먼저 와 계절을 만나러 가는 길, 어림잡아 태양을 밀고 아침을 열고 까마득한 내일의 약속 돛에 걸고 단잠을 꾸었다

  가위 바위 보를 연거푸 내보여도 우리는 족보 없이 한 배를 탄 사생아

  머리칼을 풀어 점괘를 짓는 버드나무는 멀리 가지 말라, 백팔 배를 올리고 진저리로 꽃대궁 밀어내던 상사화는 어쩌자고 푸른 잎사귀 떨궈내는가

  심장소리를 키워봐
  생때같은 마중물로 펌프질을 해보란 말야

  아이들은 떠오르는 부포에 팽팽한 이름을 새기며 줄넘기를 한다
  엄마야 누나야 강변 살자

회오리치는 노을 속으로 감기는 순간에도 손에 손을 잡고
뜰에는 반짝이는 금모래 빛

눈물이 마르면 얼룩만 남을 것을 안다 문대고 문질러 얼룩이 온 가슴팍에 무늬가 될 때까지
꽃은 피지 않겠지만

목숨 건 한 말씀

 온전한 자음들이 둥글기 전에 입 밖으로 튀어 나왔다 방향, 대상, 상관없이 쏟아지는 파편의 칼날들, 무게조차 간음이 금지되었다 모음이 둥글다 한들 스스로 'ㅇ'이 될 수도 없는 법, 고로 어미의 자궁을 빠져나오며 드디어 둥글게 울음 울었던가 습도 높은 계절을 앞두고 윙윙대는 정체불명의 저, 피를 보기 전엔 도무지 끝장이 날 것 같지가 않다

 짝 짝 철썩, 있는 힘껏 내리친다

 모기가 아니면 나의 뺨을 호되게 후려칠 수 있겠는가

 설익은 인간의 짓거리를 더 이상은 두고 볼 수가 없어

 이제 그만 정신 차리라고 신은, 모기의 몸을 빌리셨다

 하여, 여기저기 불평불만 많은 날에

유독 잉잉잉— 귓전을 맴도는 목숨 건 한 말씀을 받아 적었다

섬

1
진정, 섬이 되고자 했다

흑과 백을 넘나드는 건반의 거리,

한 몸으로 떨리는 울림이고자 했다

손끝에 던져진 그 진동으로

그대 영혼에 닿을 수 있다면

파고의 운율이 생이어도 좋으리

2
밀려나간 자리까지 바다라면

뭍은 잠시 까치발을 들어야겠다

세상은 조용한데 한 뼘 머리가 시끄러워

달리는 기차의 반대쪽을 택했노라 했다

물기둥 일으키며 반짝 빛 보인다

바람 없는 물살 거칠다 했더니

파르르 주름진 저 바다의 자궁

이내 섬 쪽으로 포말을 쏟으리

토끼 날다

짧은 동선 앞에 1과 11과 1111이 빙 둘러 서 있다
누군가를 축축하게 떠나보낸 이만이
마르지 않는 자리를 허투루 맴돌고 있다

우루 우루루 씨방이 단호하게 입을 열자
여리고 작은 것들은 하얀 말을 받아 올렸다
궁글게, 지킬 수 없는 커다란 약속
노크하듯 나직이 다가가
토끼풀꽃과 크로버 사이 흔들리는 높이로 서면
너의 비밀과 만날 수 있을까

더는 낮을 수 없는 소리로
푸른 게 전 생애라고 외치는 잎에게
고요히 경배하듯 무릎을 꿇는다
낮고 낮아서 귀로는 들을 수 없는 잎
귀가 없는 건 애초에 날개만이 필요했다는 말도
눈과 비가 여러 번 엇갈리며 내린 것도
채 모르는 찬달이, 휘엉휘엉 뜬 어느 날

기억을 더듬어 길라래비 길라래비
힘차게 흔들어본 것인데
날개가 쫑긋이 올라가도 되느냐 물었던 것인데

얼음책

물에 빠진 자유를 속독으로 읽어내려갔네

빙점 아래서만 책을 정독할 수 있다는 그의 단단한 믿음은 미끄러져 버렸네 하얗게 달려오는 말을 잡아타고 질주하기엔 가파른 책 속의 글자가 너무 울퉁불퉁하였네 내가 읽으려는 글자는 풀려 나오지 못하고 입말로만 중얼거렸네 단락이 채 끝나기도 전에 급기야 접혀 구겨지곤 하였네 기온이 영하로 내려가면 갈수록 한 자 한 자 균열이 일기 시작했네 입춘이 가까워지는지 발음은 조금씩 정확해지는 듯했네

이 시간대에선 정자체도 흘림체도 아닌 문장을 읽어내는 이는 거의 전무하다시피 했네 나는 이제 막 글을 배우려는 이들의 강물 속으로 미끄러져 들어갔네 알라딘을 만나 요술램프를 타고 빙하의 마을에 줄거리로 초대되었네 그곳에서는, 한 면의 전체를 속독으로 읽어내려면 해빙의 강을 여러 번 건너온 자여야 한다는 강연이 한창이었네 책은 한 페이지도 넘기지 못했지만, 비로소 물의 자유를

정독하였네

부메랑효과

말줄임표는 누군가 꿈꾸다 채 걷지 못한 발자국이다

&⋯&⋯&⋯&⋯&⋯&⋯⋯

행간을 건너듯 기타 줄을 퉁긴다

긴 여운을 음계에 실어 소리로써 불러본다

행여 그들이 느낌표 뒤에서 불편한 운율을 들었다던가

아버지가 그러했고 절친한 친구의 주검이 그러했다

앞서간 자들은 메아리가 되어 돌아오지 않았다

도돌이표는 산 자의 실책특권이다

당신이 그 기득권을 포기한다 해도

제2부

달팽이의 노래

온몸으로 가는 걸음이 구둣발인 당신보다 느리다 하여

등 뒤에 진, 집이 내 생의 전부라 하여

먹이를 위해서는 칼날 위도 서슴지 않고 기어가는 나를

흐린 눈마저 깔고 내려보지만

적어도, 배추나 파프리카를 먹고

벌건 대낮, 시뻘건 똥을 내놓지는 않습니다

올챙이비

피사체가 필요 없는 관계가 되려면
입 다문 눈빛이 되려면
몇 겹의 연(緣)이라야 할는지요
기하학적 교감을 잡고 은행동 목척교를 건너요
푸른 서정의 결로 강물의 현으로 흐르면
방파제로 선 당신 안에서
사랑이라는,
해석되지 않는 이 작업을
궁극적으로 출렁이게 할 수 있을까요

미지의 세계에 갈겨쓰는 긴긴 서사체는
수증기가 되어 증발도 하겠지요
대지가 소금기 짭짤하여 해가 시들해지고
살찐 바람이 물결을 흔들어 심금을 울릴 때
생의 주어(主語)에게
올챙이비 우두두둑 내리거든
부재하는 체온에 이름 붙이지 마시길
토네이도의 메시지로도 완성 못한

순간의 빛으로 치부하지는 더더욱 말아주시길

자유에는 날개가 없다

제 알을 낳기 위해
연어처럼 강을 거스르고 싶다 했더니
너에게서 답신이 왔다
거친 파도가 싫어 자유를 택했노라고
그렇게 바다를 버렸노라 했다
유난히도 세찬 바람에
너는 긴긴 밤을 뒤척였지만,

회오리치며 거친 물살을 가르던 바다는
서툴게 서툴게 기억을 더듬어가는가
깊이 파인 빈자리에선 오래도록
물살 부딪는 소리 들렸고
가고 오는 이들의 그림자 좇아
길문을 트던 어린 물고기들은
어느새 거칠게 지느러미 돋았다

무소새는 평생 제집 없이 산다는데
섬개개비는 섬이 아닌 산에서 산다는데

무소새도, 섬개개비도 아닌 너도
강줄기를 거슬러 여기까지 흘러왔구나
바다를 떠난 후 가쁜 숨을 쉬었지만
그녀는 이제사 여울로 돌아와 몸을 푸는 중이다

속도의 비대칭

　빛 부시게 역동적으로 반짝이던 한 시대 있었지
　처마 밑에 웅크려 그 대목 읽어보다
　앞도 뒤도 필요 없다, 오직 빠른 속도만이 나를 표현하는 방법이라 믿었다
　가 마주 오는 같은 속도와 부딪혔을 때

　이미 멈추지 않는 속력은 위급한 내 속도 순식간에 태워버렸는지
　급정거에도 불구하고 강렬히 셔츠를 세우고
　뉴턴의 2법칙을 적용한 계산법을 운운했다
　가 큰길, 자갈길, 오솔길, 빙판길 두루두루 섭렵한 척, 빛나던 시절 있었다

　세월은 제 속력을 충실히 지켰는가 긴 여정 가속도 위 반 없는 동행에도
　이제금, 지켜줄 차고도 눈, 비 막아줄
　커버도 없이 종합보험을 기둥 삼아 기대어 있다
　가 똑바로 펴려 해도 어긋나 있는 비대칭 어깨를 하고

오늘, 볕 좋은 처마 끝에 작은 몸 구부려
저 둥근 우주의 자궁에 들기엔 아직은
미완성인 조각상 같은 어머니, 타세요 출발합니다

그만하신가

안녕이 저만치 걸어가네

나란할 수 없는 까닭에 무시하기로 하였다네
절벽을 건너는 연습이나 심심찮게 거들 참이어서 어우렁더우렁 한가로운 슬픔을 매다는 중이라네

메아리는 공명으로 노크하네 차마 웅얼웅얼 답이 되려는 소리를 가로채 달아나는 참새를 하필, 강물이 비추고 있었다지 뭔가

하루살이가 지나가며 멘토링을 해주었네
지지고 볶는 건 나누어서 하는 거라고

하루 한 끼 먹고 사는 일보다 어려운 일이란 걸 누구보다 잘 알겠지만 한 번에 한 가지만,
구호를 외치면서 말문이 트였다네

순리대로 안녕은 하신가

왼발과 오른팔이 짝이 되는 최면에 걸린 종족과 나란히 걷고 있는 중이라네 열한 살 안녕을 물으면서

신호등

하루를 걸치고 횡단보도를 건넌다

좁혀지지 않는 당신과 나의 거리쯤에 흰색 페인트가 징검다리로 서 있다

수평의 발자국은 오래가지 못했다
노선을 바꿔야 하는 일이 다반사였기 때문이다
순탄한 보폭이 익숙하기도 전에 빨간 신호등에 발이 엉켰으며 스텝을 잃고 두리번거리는 일이 잦아졌다

지켜보던 비둘기가 한 발 앞서 시범을 보여주었다
원스텝 투스텝 원원스텝 그리고는 날개를 편다 나무의 키만큼 거뜬히 오른다 동그라미를 그리고는 부드럽게 착지한다

바닥에 있던 나뭇잎이 긴 호흡으로 비켜준 길을 따라 멀리 비상한다

우리는 네 발 세 발 걷는다
괜찮다 괜찮다,
허름한 저녁이 위로하는 횡단보도 앞에 당신과 내가 다시 서 있다

별빛 타고

미래서 온 줄넘기를 넘는다

건너지 말아야 할 강을 건넌 기억으로 둥글게 원을 그려본다 이곳이 네 세상이냐 아니면 건너뛴 저곳이 네 세상이냐

질문에 걸려 넘어지기를 수십 번, 내 세상을 찾지 못한 그림자들이 별빛을 받으며 콩콩콩 줄을 넘는다

별빛 사이사이 어둠에게 메시지를 띄운다 아직인 시간에 걸려 도착하지 못한 건지, 길을 잃고 헤매는지 깜박, 깜박

저편이 너무 멀다

오늘 밤도 별을 출발한 빛이 물음으로 눈부신데 나는 왜 만리 밖 빛의 너머가 궁금한가

양손에 공간을 가두고 시간을 거꾸로 줄넘기를 한다 빛의 통로를 막고 있는 각막을 지나 우주야 도는데
　미처 빠져나오지 못한 빛은 줄을 통과하려 어둠을 넘고 있다

ing

나의 발작은 시작되었다

전국을 한량 삼던 아버지의 악기에서
이 성성한 구십의 할머니 이야기 머리맡에
심장은 한 각오로 자라나고 있을 테다

울어야 할 마땅한 이유가 없던 어제
흰둥이가 빠른 속도로 안기며 나를 넘어뜨렸다
아픈 이유가 불분명할 땐 울다가 웃어도 되겠지만

이제는, 다음번에는, 새로운 세포의 힘으로
두 눈을 불끈 떠 보는 것이다
지름길을 모르고 달을 넘고 해를 건넌 죄
울지는 말라, 는
집행유해를 안장으로 차고 아침을 맞는다

주먹을 펴본 적 없는 양손에 악보를 들고
냄새가 튕겨오는 가락에 전언을 물고

오후 쪽으로 타들어가는 구름에 기대어
지금은
여자가 돼 보는
찰나,

목선의 각도

하늘을 쳐다보거나

첫눈을 기다리는 목선의 각도는 그리움의 각도이다

아날로그의 흔적이다

어떤 바람에도 흔들리지 않아

닿아도 새 나오는

그리움은 폴폴 나려, 앉을 것만 같다

희디흰 눈밭에 부리를 묻을 것만 같다

빗방울

  수직의 완성은 추락이다 깃발 들어 정상을 향한다 암호 같은 안개가 추월한다 구름의 배웅은 거기까지,

  허공에 몸 맡기고 힘을 빼면 두 팔은 내비가 된다 착지를 위해선 몸이 둥글어야 하는 법, 후두둑 후두둑 긴 갈채 속으로 천상의 탯줄을 끊고 빗줄기가 떨어진다

  이름 짓지 못한 것들이 갈지(之)자로 동행한다 온몸을 던져야 살 수 있다는 바람의 입김으로 접어든,

  내리막길은 그리움의 길, 바닥이 어디인지 모른다 착지하는 순간 잠든 풀잎이 몸을 몇 번 뒤척인다 자세를 바꾼다

  꽃잎과 대화하듯 균형 맞춰 바닥이 되고서야, 당신 안에서 나는 온전해진다

어린 골목

빛이 간간 골목길에서 길손을 만나다
—조달청이 어딘가요?
이 길 끝에서 우회전하세요 백 미터 정도 직진하면 좌측에 있어요
명쾌한 답을 끌고 골목이 앞장서 간다

혼잡한 길과 간음하다 접어든 골목길
때 이른 추위마저 움츠린 가장자리에
그림자를 뺀 무게로 골목들이 볕을 쬐고 있다
짙은 어둠은 더 깊은 골목의 주인이 되었다

가로등 불빛은 흔들렸고 바람은 차지게 불어왔으나
담을 타고 넘는 골목은 지름길이고 싶었다
영글기도 전에 계절이 골목을 삼켜버렸다고
그늘을 등지며 아이의 소리를 빌려 우는 동물이 늘어났다

막다른 소리의 끝에서 어린 골목을 만나다

한때는
길이었을 기억 쪽으로 고양이가 느릿느릿 걸어 나가고
있다

물 만난 남자

2차선 가장자리 트럭이 술렁인다

울퉁불퉁 이두박근 삼두박근
훤칠한 키에 비릿한, 살 냄새를 풍기다니
이 남자 참 부적절하다
꽉 다문 입을 대변하듯 스피커 멀리
쩌렁쩌렁한 입질에도
가는 발목 하나 잡지 못하고 있다

얼마의 햇살이 건너편으로 자리를 옮긴 뒤

재대로 물 만났다 이 남자
물 좋은 꽃게가 왔습니다
국산 조기가 만 원에 서른 마리, 오징어가 열 마리
제주도에서 지금 막 올라온 은갈치 구경들 오세요
소음 그친 자리 사람들로 채워졌다
소란한 한 무리의 파도가
수차례 밀려갔다 밀려오기까지

봉인된 시간을 산 자들은 들추고 있었다

사각의 아이스박스 안
켜켜이 쌓인 저 지느러미가
한때 동해를 읽었는지
황해를 읽었는지 알 바 아니다
저마다의 해독으로 입질을 할 뿐이다

돈, 꽃

요즘 근황은 어떠시오
무표정한 당신은
많은 이를 무너뜨리기도, 폼 나게도 하오
당신이 오는 길 아는 이가 있다기에
그 어귀쯤 물꼬도 터놓았소
숨이 턱까지 차올라 캄캄할 때
먹구름 열고 옅은 미소로
윙크하던 당신 내게 오는 기별인 줄 알았소

지난밤엔 허름한 구두 한 쌍
한강에 코를 박았다 하오
오늘도 병원에선 시기를 놓친 자와
잡으려는 자의 자리 교체가
익숙하게 반복되고 있소
보시오, 저 푸른 창공으로
폭폭새 먹이 찾아
머나먼 국경을 넘나들고 있는데
무표정한 당신 정말 모르는 거요

어둠의 내비게이션을 부착한 당신
혈혈단신으로 찾아 나선 지는
아주 오래전의 일이라오
옷깃의 바람 좇는 술래여도 좋았소
마냥 술래인 나는
당신의 오실 길문을 트고 있소
운명선과 인연선
생명을 잇는 선을 타고
빠끔빠끔 싹이 움트고
골 패인 손바닥 안에는
바로 돈, 꽃이 피어나고 있잖소

말랑말랑 어지럼증

복잡한 세상이 나는 좋다
단순한 이 없으므로
이유를 묻지 않아도 통하기 때문이다
이놈의 세상이 요지경이라 열 올리면
내 입에도 덩달아 거품을 물면 된다

사상도 이념도 무관한 우리는 하나가 되는 것
일이 생각처럼 순조롭지 않을 때는
복잡한 터널의 탓으로 돌리고
대포 한잔이면 껄껄 하루가 가기 때문이다

바른 걸음들이 낮은 시력의 안내를 따르면
미로 속에서 만나기 일쑤다
시력이 같은 이들은
이곳까지의 서사를 묻지 않는다

분명 눈을 크게 뜨고
행간에 충실했을 것이니

몸의 기억을 믿었을 터
세상이 복잡해도 오늘이 나는 좋다
어제는 이미 지나고 내일은 아직이므로

모년 모월 송구한 날, 모모 씨
익숙하지 않은 자세로
내게 고개를 조아리시면 그 속 알 수는 없으나
그런 날도 있어 살맛이 나는 것이다

어둠의 모자

누군가 문밖에 색의 음계를 딛고 서 있다
어둠을 머리에 튕기는 내가 밖으로 힘을 모으고 있다
너는 어둠의 밝은 거리를 운운하고
속도의 강, 약을 진진이 논할 때
풀잎이 꺾이도록 비가 내렸다
나는 왼쪽 눈을 뜬다, 빗방울의 윙크처럼

삼월의 바람이 엇박자로 찰랑거릴 때
나는 200배의 힘을 모아 흙문을 연다
연푸른 녹색의 깨금발들이 뿌리를 딛고 흔들리고 있다
껍질 벗은 머리 위로 비가 음표처럼 뛰어내렸다
그때까지
어둠의 모자를 벗어 던지면 빛은 따스하리라 믿었다
굳은 이중주는
그저 엇갈리는, 그저 자유롭게,

동서남북 내통하는 바람에 중심을 잃었다
두 팔과 머리를 뚫고 어지럽게 빗나가

험한 물줄기로 돌고 돌더라도 멈추지 않으리라
늙어버린 하얀 실뿌리가 허리를 잡는다
무거운 어둠의 땅문을 열고
점점 굵은 음색으로 일필휘지 휘갈겨 내리고 있다

제3부

꽃신을 신고

  삼천궁녀가 아직 숨 쉬고 있는 부소산성에 이른다

  그녀 중 누군가 들렸을 법한 나막신가게로 들어서자, 전설 속 사내, 털 달린 꽃신을 팔순의 노모께 선 보인다 얼굴에 홍조 띤 노모는 수줍다
  큰 신발도 걸어보고 지나간 계절도 신어보고 낭낭한 신발에 기억을 맞춰본다

  낙화암에 올라 어린 그녀가 삼천궁녀의 치마를 뒤집어쓰자 사비루에서 해맑은 달이 먼저 뛰어내렸다
  잉태된 태아를 붙들고 푸른 눈물로 백마강이 흘러간다 삼천 개의 꽃잎이 허공으로 흩어진다

  청춘이 유산된 노을의 가파른 숨소리로 기우뚱 저녁이 넘어간다

소리꽃 1

고요한 허공의 입구에서
동심원 그리며 소리들이 유전자처럼 낙하한다
그 푸른 속력과 힘의 파장으로
몸의 말이 일어난다 웅얼웅얼 또르르륵,

농밀한 데시벨의 눈금으로 교신하는
소리들의 대화가 무반주에 묻힐 때
마른번개 휘두르는 구름의 눈빛을
심해의 바닥, 물고기의 파산 얘기를

느낌표로 서 있는 기나긴 환상도
투명한 바람의 손길로 갈마들면
저마다 노래가 되고 꽃잎이 되고
혹은 그림이 되거나 날개가 되리라

그런 소리의 입술은 허방을 딛는다
말을 얻지 못한 씨앗들이 손에서 뛰쳐나와
온몸으로 피워낸 둥근 소리꽃

소리의 방언이 빚어낸 몸짓은, 춤이다

소리꽃 2

돈 잘 버는 집* 한 채 앞세우고
나병에 내몰린 그의 거처를 찾았을 때
단칸방엔 검은 곰팡이꽃이 몽글몽글 만개했다
그의 귀 오래전 멀었으나
잘박잘박 발소리에는 귀가 깨난단다
눈 밑으로 떨어지던 검버섯에도 화색이 돈다

라벤더 향 가득한 집과 음식도
왕성한 그의 허기에 들지 못했다
무색무취의 소리로써
그가 이끄는 동공 안에 자리를 잡는다
줄기도 없는 빨간 말의 꽃 토하다가
산등성이 숨차게 오르는가 싶으면
그의 안에 든 나는 흠뻑 젖는 것이다

소리란, 밥이고 웃음이고
애인이고 아침이라 그가 말한다
조용하던 고양이가 온 방안에 원을 그린다

바퀴벌레를 앞발로 가로채는 헛바퀴 사이
놀이하듯 공연하듯
느린 동작들을 반복하며 박자를 맞춘다
동공 밖으로 활짝 피어난 그를 내려놓고

귀를 찌를 듯한 자동차의 경적과 함께
꽃술처럼 떨어져 걷는 거리
허공을 떠도는 삿대질의 헛바퀴 속으로
정거장이 웅성웅성 인산인해를 이룬다
물기 없는 척박한 이 소음마저도
적막을 깨우는 소리의 꽃이라 명명해본다

* 롤 화장지 이름

정원에 피어난 그녀

 기억의 문을 열고 들어갔어요 그녀는 무언가에 열중이더니 박꽃처럼 웃었지요 얼굴보다 더 큰 채양 모자를 쓰고 휴대폰은 목에 걸었어요 그녀는 산에서 캐왔다는 오랑캐꽃 은방울꽃 캄파눌라 그리고 이름 모를 어여쁜 꽃들을 소개했지요 여러 날 산을 오르내렸는지 들꽃들로 정원은 적당히 시끄러웠어요

 그녀가 울타리를 없애주었지요 그러자 꽃향기는 안팎의 경계마저 지워버렸어요 대쪽같이 올곧은 그녀의 눈이 반쯤 감겨 깃발처럼 구겨졌다 펴지곤 했어요 언젠가는 오르겠다던 히말라야 등반을 몇 개월 앞두고 그녀의 몸은 중심을 잃기 시작했지요 일행이 여정에 오르자 바람은 멎지 않고 더더욱 세차게 그녀에게서 펄럭였어요 통신이 불가능한 채 마른 잎이 뚝 뚝 밤새 떨어졌지만 문은 등 뒤에 벽으로만 서 있었지요

 발목을 잡는 가시나무를 따라 갔어요 꽃들이 만발한 연화방(蓮花方)에서 오래전 보았던 그녀의 얼굴과 마주쳤어요 활짝 핀 그녀가 시들까, 행여 기억의 향기마저 시들어버릴까 우리는 눈물을 흠뻑 빗물같이 뿌렸던가요 마디마

디 실핏줄이 돋았던가요 수분이 빠져나간 건조한 어깨를 추스르며 돌아섰지요 그렇게 연화방(蓮花方)을 건너왔지요

간이 맞니?

 간이 맞니? 이불을 돌돌 말아 어미는 강남에 자리를 깔고 어린 당신은 난간에서 햄버거를 먹어요 배는 쑥쑥 부른데 가까스로 매달린 간이 어떤가요? 하랑하랑 뭉게구름 쪽빛을 가리자 사방으로 진눈깨비는 진위도 없이 흩어지잖아요

 간 맞추며 사는 일이 어디 한두 가지라야죠 미지의 육지에 나올 일이 있거든 옥황상제님께 간을 맡기고 오세요 토끼님이 살아남는 길이에요 잊지 마세요 간을 반복해서 보다 보면 분간을 못할 테니 말이에요 간 쓸개 다 빼놓고도 내가 싱싱하다구요?

 까막눈의 날들 자꾸 찍어보는 일, 우뚝 커버린 싱거운 당신을 간 보는 일, 벽으로 오거든 문으로 받아, 산은 산인 대로 강은 강인대로 감칠맛 나게 푹푹, 담금질하고픈 욕망들이 지구 안에서 들끓고 있어요 맛 좀 보실래요?

 꽃피는 봄이 여러 번 오고 가자 간이 맞지 않는다고 아

우성이던 어미들은 이국땅으로 자리를 옮기기 시작했다죠 맨주먹의 어린 당신들이 빼놓은 간만 쏙쏙 자란다고 짧은 혀로 간신히 중얼거리네요

 멀리서 한쪽 날개로 파닥거리는 기러기떼는 눈을 맞추고 있는데 짝눈의 방향이 감감하다구요 영영 눈발은 끼룩끼룩 내려요 헤아릴 수 없는 일이 벌어지고 있어요 외기러기들이 죽을 쑨다니 간 보는 일이 죄다 조마조마하다니까요

둥근 오락실

프로게이머는 아니다, 선택한 기계 위에 몸을 얹는다
룰을 익히기도 전 부딪히는 무언가에 의해 뒷걸음친다
이리저리 움직이는 뇌의 파동, 드디어 시선 고정 정신집중
사전답사 후 문을 연다 소나타 카니발 엘란트라 에쿠스
갖가지 차들이 무차별적으로 들이댔는가 하면 꽁무니를 빼고
법규 정해진 시속으로 가는 앞차를 위협하듯 달려들다가도
추월당하고 또 다른 차를 추월하는가 싶더니… 까마득 멀어진다
제 아무리 좋은 차도 꽉 막힌 차선을 앞설 순 없다

그럴 땐 방향을 바꿔 빠져주는 센스… 가 결국은
지름길로 입문하기 위한 그들의 계획된 미션이란 걸
누구도 눈치채지 못한다 나오는 문이 없는 오락실에서
노선을 바꿔가며 모두가 오락가락 가라오락에 열심히 빠져있다

남새파도의 메시지

 피난처라 칭하면 어떨까 저 남새파도 해안선, 그곳을 향해 고래가 일 년에 지구를 반 바퀴 도는 것은 그의 운명이다 어느 부드러운 물길의 메시지가 오십 일의 먼 항해를 부추기는가 출산이 가까워지면 먹이처를 떠나 그들은 마오이섬 따뜻한 물길에 오른다

 가오리가 점프하고 혹등고래가 내닫는 저 수직의 파문을 보라 부표의 불문율로 움직이는 저곳에는 분명 우리가 모르는 비밀이 있을 것이다 치열한 피비린내가 저녁놀을 낭자하게 물들였다 출산을 마치면 물의 허공으로 솟구쳐 스스럼없이 눈을 맞춘다

 어미가 고음의 노래를 부르던 자리, 그 유영의 결을 따라 새끼 고래는 다시금 알게 될 것이다 안식처라 칭해도 될 옛 기억을 찾아 지느러미를 오래오래 저어야 할 것이다 한순간 시푸른 점을 허공에 찍기 위해 바다가 긴긴 수평의 눈빛으로 과녁을 응시해야 한다는 것 또한,

몸의 압류

그는 의무적으로 정기검진을 받았다

어느 날 고지서에 재검통지서가 따라왔다
어깨가 조금 뻐근할 뿐인데
연체료 붙은 카드대금까지 무심히 제쳐둔다
눈코 뜰 새 없이 바쁜 그가
날짜 개념이 없다는 걸 안 것이다
일이 많다는 명목에
그의 시야가 황달로 체납되었다
두통에 소화불량으로 경고가 들어왔으나
빨간 봉투가 배달된 건
다른 체납의 경고가 여러 차례 있은 후였다

독촉장이 목까지 조여오자
결국 자신의 의지와 상관없이 사람들에 이끌려
오랜만에 밀도 있는 조사가 시작되었다
초조하고 두려운 시간이
납부일 경과로 인해

일상으로 돌아갈 수 없다는 죄명이 씌워졌다

세금을 제때 납부하지 않은 채
수술대에 오른
그의 몸 이곳저곳에 압류딱지가 나붙었다

연애의 법칙

활주로, 연을 띄워요
잡은 줄을 튕기죠
원하는 방향으로 가기 위해선
팽팽하게 겨뤄야 해요
직선의 턱선이
멀리 대각을 향하거든
높아진 이상만큼 풀어주세요

그대 몸짓에 춤추는 내가 보일 때까지

영영 얼레를 풀어요
고르게 감고 가까이도 당겨
잔양잔양 바람의 말도 들어봐요
역풍도 돌아선
저 탄력적인 허공에는
외눈박이 연이 날고 있어요

조율의 필요학

 빛이 어둠과 조율하느라 질끈 눈을 감으며
 팽팽하게 맞춘 생각의 키워드를 두드린다

 다른 방식으로 현악기와 관악기가 합주에서 벗어난
 지구촌의 핵심적 이념들
 비를 몰고 지나간 먹구름이 한 겹 지상의 각질을 벗겨내듯
 조정과 조율이 끊임없이 필요할 터

 현의 떨림으로 관을 울리는 소리의 혼은
 화르르 따뜻해지며 완성되는 이중주 합주곡이다

 검푸른 바다와 그곳에 뿌리내린 하늘의 교차점에서
 보이는 것의 표본과도 같은 지평선
 저마다 지어낸 순정의 음률과
 저 안개의 눈꺼풀로 일몰과 일출을 조율 중이다

4분의 3박자

손을 벗어나 있는 것은 늘 통점이다
그녀의 목소리가 4분의 3박자로 흥을 돋우려 할 때
이른 아침 거미가 직조해내는 가파른 무늬는 출렁였다
그런 날 동경하던 서울의 냄새를 모두 모아
아버지가 골목길을 막 돌아서면
남겨진 자리에선 우우 짐승 울음소리가 나는 것이었다

유난히 뒤척인 긴 밤을 보내고, 같이 자란
흰둥이가 그녀의 손에 질질 끌려 대문을 나선 날은
오 일에 한 번씩 서는 장날이었다
노을이 서산으로 내달리자 그녀는
흰둥이 대신 커다란 보따리 양손에 들고 환하게 돌아왔다

그토록 갖고 싶던 까만 구두와 곰순이가 생겼다
눈깔사탕과 귀한 바나나도 한 아름 안겨졌지만
흰둥이는 그 후로도 집을 찾아오지 못했다
나는 갖고 싶은 것도 먹고 싶은 것도 거짓말처럼 없어

졌다
　흰둥이 새끼가 어미만큼 자랄수록 참으로 이상하게도

　낯선 서울을 아버지를 통해 몇 번 더 보았지만
　아직도 거미줄에 이슬이 투명하게 흔들리면
　멀리서 우우 비릿한 짐승 울음소리가 나는 것만 같다

천당 가는 길

하늘과 맞닿은 마을이오
금붕어 다슬기 실뱀이 노니는 시냇물에
쌀 씻고 목욕하고 빨래를 하지
영어학원 입시학원 피아노학원 없지만
명문대도 사법고시 합격자도 나오는
기이한 일들이 자주 일어난다면 믿겠소
구릉지인 천등고개는
간이 아무리 큰 사람도 혼자 넘지 못하니
노루나 멧돼지는 풍경일 뿐이오

호랑이의 등장이 그러한데
이 말을 시큰둥 들어 넘길 수 있겠소
딱딱한 콩도 고구마 줄기도
흙에 묻기만 하면
싹이 나고 열매가 맺으니
돈을 뒷마당 자락에 심고는
하루가 멀다 들여다보던 소녀가 있었소
돈씨가 움트기만 하면

풍요로운 마을의 어른들을 상상하며

염소와 강아지가 뛰노는 풀밭에
아이들의 하모니카소리 풀피리소리
마을의 평온한 하오는 음악처럼 흘러갔소
1987년 일상을 뒤덮는 홍수가
남녀노소를 가리지 않고, 수많은 짐승과
주거지마저도 닥치는 대로 삼켜버렸소
목숨만 빼앗고 뱉어놓은 무게로
다리마저 뚝 끊어져, 재정비를 한다고
땅의 숨구멍을 틀어막기 전까지의 일이오

지대가 가장 높은 지석교회로 임시 거처를 옮겼소
어디서 왔누?
………………………천당*이오

* 충남 부여군 충화면 천당리(天堂里)

천도재

한판 걸판지게 놀아보렷다
천도복숭아 향기에 취해 가벼운 몸으로 들어선 길
허물 벗는 더위를 이끌고
휘이휘이 잰걸음과 맞물려
어기여차 어—라여차 힘차게 오르렷다

남기고 간 손길마다 줄줄이 이어진 물길에
날개옷이 떠오를지도 몰라

호시탐탐 하늘을 넘보기도 했겠지만
이곳에 아이를 서넛쯤 낳아도 좋으리
당신의 나라에서
삶을 배우려면 평생이 걸린다는데

산은 높아 우러르고 물은 깊어 신비롭다
여기 자리 펴고
메아리로 울려 퍼지도록
어기여차 어—라여차 사방에 귀 열리는 소리

당신의 나라에선
죽음을 배우는데 또, 평생이 걸린다는데
그때까지 몸 있던 그 자리가 무릉도원이라구?
그래!
곱사등을 하고라도 어디 한번 신명나게 돌아보렷다

의자

원래는 아침형 인간이었습니다
발바닥 같은 단단한 손을 불끈 쥐고
반기는 이 없어도, 해 저물도록 카드의 편리한 점을
홍보하며 직불카드 만들기를 권합니다
시간 절약을 이유로 하나 남은 지로용지까지
자동납부하기를 권합니다 그 결과 다른 동료보다
통장에 찍힌 숫자가 조금 높습니다
앉아서 조용히 말로만 설명한 동료의 사직으로
책상 하나가 치워졌습니다 열심히 뛰어다닌 경쟁으로
높이 쌓인 서류를 컴퓨터가 한 입에 삼키고 나면
여지없이 의자 하나가 없어지고 그런 일이 반복될수록
걸음들은 더욱 더 바빠졌습니다 땀 흘린 까닭인가요?
급기야 오늘은 내 의자까지 치워졌습니다
스스로의 자리를 밀어내는 데 한 몫 하느라
철저한 저녁형 인간으로 살았습니다

제4부

무감한 통증

태화산 남쪽 기슭 마곡사 경내로 드네
산책로 지나 해탈문에 이르자
세속의 속도 벗어난 자들의 여유가 잔잔하였네
마곡천이 흐르는 극락교 위에 섰을 때
금이 간 오른쪽 발등의 무감한 통증
비단,
이 다리를 건너면 기록 없는 새의 길을 따라 헤매일지 몰라
그런 층층한 날들의 심장에 석탑을 올리고
관세음보살 관세음보살 그대의 문으로 해탈하고 싶네
다가올 분분한 봄을 대웅전 앞마당에 꽃등으로 걸고
백팔 배를 올리며 머리 숙여 부른 이름아
물기 머금은 잉어의 입을 빌려 선인의 말씀이 들려오네
해탈은 한마음이다 한마음이면 그것이 곧 해탈이니라
주일무적 다짐하는 목울대가 저려오네

얼룩

얼룩의 번지에서 헤매던 물방울은
헤아릴 길 없는 물결의 지도를 그린다
여기다 싶어 흐르다 멈추면
파르르르 호르몬은 먼저 울었다

하드롱 빛 파고드는 물빛보다
하얗게 들썩이는 저 너머의 궁금증
치열한 파도는 보여줄 것인가

수직으로 낙하하는 힘에 의해
물의 바닥에 다다른 적 있다
섞이지 못하고, 흠뻑 젖지도 못하는

물방울의 언어를 간직한
작은 물고기를 만났다
물 위에 번개가 내려치고
번쩍 눈을 뜬 곳, 시선이 아프다

물은 제 몸의 전부를 열어놓고
스스로의 진동으로 얼룩을 지운다
가창오리가 내고 가는
그 모오든 길은 얼룩일 것이다

저수지

저수지는 수염 까칠한 당신의 뒷모습이다
눈을 감아야 선명해지는,
먼 거리일 때 더 확연해지는
기다림이다 바다는
채, 이슬이 마르기도 전
모래언덕 넘어 수풀진 오솔길을 내달렸지
아까시나무 뿌리인지 잔디인지 바람에 흔들리고
한 그루 나무로 버티다가 가시로 박혔지
안개의 영지 넓히던 임천 저수지
찰찰 푸른 비늘로 반짝이던 바다 같았지
용이 여의주를 물고 승천했다면 바로 저곳이었을 거라고
그러니 인어를 잡으려고
도시인들이 내려와
낚싯대를 바다에 담그는 것이라 믿었지

뱃사공의 집이 사라지고 더 이상 통통배도 뜨지 않는
펄떡이던 지느러미로 남은 그 방언 속의 바다가

좌청룡 우백호 형상 지을 때
바람 잔잔한 저수지에 온전히 닿을 수 있었지

이상기류

음부를 드러내고도 부끄럽지 않은 것은
귓전에 맴도는 벌의 고백 때문입니다
지구의 온난화 현상으로
해수면이 상승하고 홍수와 폭설이 지나간들
내게서의 향기는 훑고 가지 못할 텐데요

머나먼 우주에서 물은
비로 눈으로 때론 얼음으로 다가왔던가요
그 안에 물의 몸으로
내가 당신 곁에 있었던가요
남극과 북극의 빙하는 점점이 녹아내리는데
꽁꽁 얼어붙은 당신 맘에도 이상기류가 흘러
자기 방향 시스템은 다시 작동을 하려나요

고대 마야인의 달력엔
생의 길이 끝나는 숫자가 기록돼 있다는데
지구가 몸살을 앓고 있는 것이,
벌이 나 아닌 어딘가에서 헤매는 것이

그런 일과 무관하지 않다면
길가에 핀 코스모스가
이념 하늘 아래 모란이, 아카시아가
향기 마른 꽃인 이유도 되는 겁니까

가시개미

치밀한 계획이 필요했겠지 가시개미는
쓰러진 초목이 안식처인 때가 있었다
바닥을 등지고 오르기 위한 등반의식을 마치자
먹이만을 위한 행렬에서 비켜선다
가둥그려 먹이를 나르지 않아도 된다며
단기간의 습득을 보장성으로 간주하기엔 아직 이르다

몸과 마음이 새까맣게 타버린 생(生),
눈높이의 타협점에서 마침표를 찍는다
그 후
먹이의 이동에 필요했던 두 손이 수직의 끈을 잡은 뒤

비는 삼박사일 쉬지 않고 뜨거운 날을 달랬다
가시개미가
가랑나무 고목에 구메구메 살 부비며 키워온
구만리 장공에서 가뭇없이 깰 수 없다, 택한 길
벽의 길을 오른다 불꽃 구름이 환한
당신으로부터 사선이 평행이 될 때까지

오토트로트

 이 지구상에는 배설을 하지 않는 인간이 있다 공기 중에 있는 수분을 폐로 직접 흡수하며 6개월, 5년, 17년 동안 물과 음식을 섭취하지 않고도 살아가는 자가영양체가 있다 60년을 금식 중인 프라흐라드 자니는 광합성 작용을 하는 식물이다 외부 무기물을 체내에서 유기물로 전환하는 독립영양생물이라 해도 틀리지 않다

 그들은 누구의 목소리를 들었던 것일까 "음식을 먹지 말아라" 어느 날 먹먹한 환청이 귀를 통과한 이후 음식 냄새에는 반응을 멈추었다 어떤 이유로든 식욕의 덫에서 벗어난 몸을 가진 전 세계 3천여 명의 그들에게선 어쩐지 꽃과는 다른 향기가 날 것 같지 않은가

 훅, 하고 그들이 두 팔을 벌리며 엉덩이 들어 올리니 진화된 지구는 한 뼘쯤은 가벼워졌겠다

 * 오토트로트: 음식을 먹지 않고도 살아가는 사람

종점호텔

 푸른 점 찍고 30년 넘게 살던 아내가 시키는 대로 간다 서류 위에 빨간 인주 묻혀 도장을 찍는다 기차역 마중 나온 아내에게 마지막 눈도장 찍고, 헐거운 넥타이 흔들리는 자욱한 안개에 묻혔다 숨 한번 크게 쉬곤 모자를 단단히 눌러쓴다 목울대에 걸린 침을 꿀꺽 삼키고 돌아섰다 빙 둘러 높은 담 넘어가던 벙그는 나팔꽃 소리마저 일순 침묵에 들었다

 젖은 낙엽처럼 막차에 달라붙어 목적지도 없이 누군가의 발걸음을 좇는다 바삭바삭 타들어 가는 어둠을 밟는다 더는 나아갈 수 없는 길의 막장까지 납작한 잎으로 엎쳤다 젖혀진다 밀려온 종점에서 멀리 기차소리… 착착척척 착착척척 구부러진 어깨가 잠시 지난날을 기억하는지 힘에 부친다 천근만근 무거워진 몸을 바닥에 부릴 때 가로등은 식어가는 온기를 밤새워 품었다

 자리를 툭, 차고 허리를 펴자 수평선 쟁반에 놓인 해가 물컹 만져진다

현상 부재

 희부연 백발을 날리며 누군가, 찰진 차선을 가로 지르고 있다 정지된 세상을 건너는 자가 그러할까 어느 뉘와도 살을 섞지 않고 산 세월이 오십 평생이란다 시끄러운 굉음은 그로 인해 울어대지만 소리는 그의 침묵을 열지 못했다

 거리는 조용해졌고 그는 바람처럼 사라졌다 풀지 못한 사연을 쌓아놓은 리어카마저 입술을 다물어 버렸다 거주지 이름 그 흔하디흔한 김씨, 박씨, 성씨조차 아는 이가 없다 거리 한복판 그의 신상명세서가 중앙선을 막고 눈도장을 찍는다 4월 13일 이후로 "폐지 할아버지"를 보신 분은 연락바랍니다

 실재가 사라진 뒤 어둠의 수화를 남기고 하나둘 건너가자 난데없이 나타난 흰 비둘기, 남녀를 불문한 입소문을 타고 신호를 무시한 채 허공을 가르고 있다 저만치 뺑소니치는 얼굴을 잡아 문책할 만한 근거가 없다 제가끔 혼선이 빚어졌다

다리

 너 다리 밑에서 주워왔대, 주워오는 거 나도 봤지 마루에 걸터앉은 어르신들의 말끝에, 집에서 꾸중이라도 호되게 듣고 나면 더 확고해지는 중언들, 동네 다리 밑에서 쌍둥이마냥 오도마니 마주앉아 너도 그러니? 어쩐지 나도 이상했어! 서로 머리 맞대고 젖은 실타래 풀며 찔찔 울다가도 순이야 연이야! 신작로 콩 걷으며 건성으로 부르시면 어둠 속 빛 따라 훌훌 털고 달려갔다

 객지로 유학을 오기까지 징검다리 건너온 길들을 이어준 수많은 사연들 선배가 다리를 놓아 아르바이트도 하고 취직도 했다 친구가 놓은 튼튼한 다리에서 만난 사람과는 결혼도 했다 이제는 내가 여기저기 다리를 놓아봐도 친구와 선배는 지름길을 택했는지 보이지 않는다

 이젠 내 안식처였던 다리가 부실하다, 빙 둘러 그 다리 밑에 앉으면 위태위태 단절될 듯 어긋나며 내는 소리, 삐걱 욱 삐걱 욱, 어머니 신음은 지난 시간의 기억을 더듬는 소리였던가 풍 맞아 여지없이 무너지던 당신마저도 일찍

이 그런 신음이 있었다던가 계단의 위도 아래도 힘겨웠던 어머니는 양 무릎 인공연골수술 후 먼 길도 마다 않고 원활한 소통의 길을 더듬고 있다

조루증

상승곡선으로 천정부지 올라가는 주식을 잡고
너도 한판 승부를 내고도 싶었겠지
이상과 현실이 일치하기란 그리 쉬운 일이 아니어서
높이 뜬 구름은 흔적 없이 사라지기도 하지
모 회사는 과자포장지의 뒷면에
L—카르니틴 BCAA함유(필수아미노산)라는 주요 문구와
이승엽을 앞세워 가격을 인상하며 질을 어필했다지
때맞춰 보도된 후천성인지 선천성인지도 모를
정확한 성분 또한 밝혀지지 않았지만,
분명 과자로 인해 알레르기를 유발할 수 있다는 거듭된 방송으로
시청률 대신 씁쓸한 아웃을 맛보았지
그날 병원에서 만난 이씨도 김씨도
의사의 힘을 빌려서라도
한방 홈런의 상상은 날개를 달았지만,
실상 맘먹은 대로 설 수도 없었다지

돌

발 있는 자!
나아가는 길 녹록지 않다 엄살 부리지 마라
전신(全身) 발이 되어도
내 힘으론 한 발자국도 디딜 수 없으니
세찬 물살이 몸을 바꾸고 나서야
그대 흔적 지워진 자리 그렁그렁 찾아왔다
누구를 떠나보내지 않은 자는 모른다
내 전부를 훑고 가도, 그림자조차 지울 수 없다는 것을
길 떠나는 그대여
머나먼 여정의 끝에서
그 너른 강에 비추어진 모습을 보고도
그때도 나를 돌이라 말하려는가

소금꽃

  흐르지 않는다고 멈춘 게 아니다 침잠된 무의식이 밀물이 되면 너는 하얀 포말을 만날 것이다

  물고기의 곤두선 자세를 바꾸며 나는 생각한다

  굳은 맹세 하나둘 반짝이며 떨어질 때 바다를 향한 지느러미,
  그의 일생을 송두리째 발가벗길 자유가 내게 있는가 그럴 수 없다면 아직은 부끄러운 바다에 소금꽃을 장식하자

  결정체가 녹아드는 가운데 화려했던 발음에 옷을 입고 그가 눕는다 가까이 점점 가까이 파도가 해안을 들썩이며 다가온다 바다 냄새 물씬, 그가 단단해진다

  소금꽃 잔잔히 스며들고 자욱한 안개 간극에 걸리자 정지된 속도의 기억은 썰물로 빠져 나간다

  더는 긴장하지 않아도 되는 온도, 담백하게 부서지는 질

서를 펼치자 날카로운 의식의 근육이 가지런하다

그린 마일

붉은 양탄자 길이 나고
초대 받은 자들로 객석이 채워지자
플롯과 피아노 연주가 시작된다
그간 물컹했던 비밀들은
나비 타이에 묶어두고
두 사람은 그린 마일을 밟는다
짧지만 길게 스치는 영상
영원히 아내를 사랑하겠습니까
네
남편을 믿고 따르겠습니까
네
진중하게 전달되는 주문에
지키지 못할 답으로 응대하는
그들의 기도는 이루어질까

 우린 모두 삶에 빚진 자들 당신은 아침형 인간인가요? 보폭이 간결하군요 휘파람을 불 때는 머리를 좌우로 흔들어봐요 컬렁컬렁 바람이 호흡을 타고 한바탕 소용돌이칠

때 길게 소리의 반향을 일으켜봐요 어둠은 어둠대로가 편하죠 잠시 중심을 잃었다고 공연이 끝나진 않아요 저 아래 가슴줄을 퉁기면 나긋나긋 하프의 음처럼 소리가 난다구요 망각의 모자를 잃어버린 자들끼리 벌이는 축제예요 우리 리듬에 맞춰 춤을 춰요 어둔 감격의 도가니에 빠져 춤을 춰봐요

* 그린 마일: 토마스 뉴만(Tomas Newman) 감독의 영화 제목이자 사형수가 감방에서 사형 집행장까지 가는 거리

채석강

바다가 웃자, 물결은 한결 부드러워진다
눈가에 잔주름을 만들었다가
말을 주거니 받거니 생략해도
그러냐고 그렇다고
마주치면 어깨를 들썩이며
시리도록 하얀 이를 내보인다

저마다 쏟아놓은 이 많은 문장을 엮느라
한밤내 철썩이는 몸짓을
누구도 읽지 못해 뒤엉킨 책들,
길게 길게 풀어내느라
갈매기는 사시사철 까마득한 높낮이로
저 끝에서 이 끝으로
바다를 한 장 한 장 넘기고 있는 것이다

해설

시의 배경 속에서

박수연(문학평론가, 충남대 교수)

　신영연 시인의 시적 자의식에는 시인의 자기의식뿐만 아니라 시가 생존하게 되는 근거라고 할 수 있는 것들이 포함되어 있다. 자의식과 시의 근거는, 그 시가 대부분 일인칭 서정 형식이라는 점에서 시인의 내면과 연루되는 것이지만, 모든 면에서 다 그런 것은 아니다. 어떤 내면이든 언어 형식을 거치는 순간 외부를 향한 설득력을 가져야 하기 때문이다. 그래서, 자의식이 자기를 지시한다면 이때 그 의식들의 근거는 대개 외부와 연결된다. 따라서 자의식과 근거가 함께 있을 때 그것은 시 쓰는 사람의 존재론적 자기 확인일 뿐만 아니라 시 쓰는 행위의 토대에 대한 인식과도 같은 것이 된다. 「암·수의 글자들이」와 같은 시가 대표적이다. 이 시의 소재는 책장에서 굴러 떨어지는 '갸글대는 말씀들'과 그 언어들의 가두리 없는 재생산이다. 그런데, 말씀들이

제각각 혼자 움직이는 사태는 곧 책의 글자들이 활동하는 모습에 대한 묘사이지만, 그것은 시인이 시의 언어를 다루려고 할 때 벌어지는 모습의 알레고리이기도 한 것이다. 독자들은 우선 시에서 훗날 시로 재생될 수도 있을 낱낱의 글자들을 읽기도 하고, 그 글자와 대결하는 시인의 유쾌한 행동을 읽기도 할 것이다. 이렇게 시의 외부를 향해 펼쳐지는 유쾌함을 시인의 삶의 어떤 순간과 이어놓을 수 있다면, 독자는 서정 시집을 처음 갖게 되는 여성 시인에게서는 자주 만나기 어려운 시적 태도를 경험하게 될 것이다. 다른 모든 장점을 제외하고도 꼭 언급되어야 하는 점이 바로 이 태도이다. 여기에는 시를 쓴다는 사실에 촉발되는 모든 가짜 감정을 물리쳐버리는 경쾌함이 있는 것이다. 그 태도가 이런 시를 가능하게 한다.

가자,
밥줄에 연연하지 말고
한 번쯤은 내 뜻대로
펀치를 날려보자

빨간 줄 파란 줄
내키는 문장에 덧칠도 하고

군중의 발소리 멀도록
어슬렁거리기도 하다가

어둠의 엉덩이서 태어나는 해의 산파도 돼보는 것이다

과감히 쳐버린 동어반복과
당신이 들려준 줄거리와
어젯밤 꿈을 편집해 만든 색동저고리 입고
서른여덟 번째 계단에서 피리를 분다

뼈로 서고 귀가 열리거든
소리야 가자
메마른 방죽에 단비로 가자
산비탈 피어난 캄파눌라 향기로 가자
찍히지 않은 새살에 손금으로 가자

아직은 백지 위를 뛰어도 될 싱싱한 시간이다
—「가자!」 전문

창조의 욕망이 경쾌한 상상력으로 전개된 시이다. 언어를 선별하는 재능이 드러나는 것은 "밥줄"을 "빨간 줄" "파란 줄"로 확장하고 "줄거리"로 연상했다가 다시 "소리"로 전환시키는 대목이다. '소리'에 대한 시인의 인식이 단순한 표현을 넘어선다는 사실은 「소리꽃 1」과 「소리꽃 2」를 보는 것으로 충분하다.

 그렇다면 이것은 시인의 상상력이 삶에서 언어와 문장으로 그리고 그 언어의 음악성에 결합되어 있을 소리로 전개되는 사태를 표현한다. 그러므로 이 시는 시가 만들어지는 모든 층위를 형상화한 작품이라고 할 수 있다. 삶이 언어로 포착되고 노래로 불리는 과정이 그곳에 있기 때문이다. 그곳을 향해 "가자"라고 시인이 말할 때, 시인은 삶 전체를 시가 나오는 과정의 전체 현장으로 데려다 놓겠다는 선언을 하는 셈이다. 그런데 그 선언의 태도 또한 흥미롭다. "내 뜻대로" "어슬렁거리기도 하다가" '색동저고리 입고 피리를 부는' 이 태도로 "펀치"를 날리면서 "단비"와 "향기"와 "손금"의 형상으로 변신하겠다는 의지를 드러낸 후, 시인은 그 변신의 순간을 온전히 시적 창조의 공간으로 데려다 놓는다. 이때 극적인 전환이 일어난다. 하나의 시가 세계의 형상들을 끌어 모으는 시간 속에서 태어난다는 생각이 그것이다. "아직은 백지 위를 뛰어도 될 싱싱한 시간이다"라는 마지막 행은 시적 창조의 시간을 정확히 가리킨다. 시인이 가자, 라고 외쳐서 도달하는 곳은 어떤 고정된 공간이 아니라 계속 변화를 도모하는 시간이었던 것이다. 이 시간 속의 창조에 도달하기 위해 전개된 상상력은 시적 내면을 지향하는 운동이 아니라 외부를 지향하는 운동이다. 상상력이 내면의 역학이라고 해도, 그 상상력에 의해 구성되는 세계는 바로 내면의 외부인 것이다. '삶→언어→노래'의 과정도 마찬가지다. 그 과정은 하나의 존재가 다른 존재로 외부화되어 가는 과정이다. 시간은 모든 것을 외부로 만든다고 할 수 있다. 이것은 시집에 수록된 모든 시에 해당하는 말이다. 신영연 시인의 시는 그 외부의 통로를 찾아가는 언어의 흔적이다.

> 끝은 없는 거야
> 마침표는 시작의 다른 이름이지
> 산다는 것은
> 언어를 마중 나가는 일의 연속이라니까
>
> 오지 않을 날들에 새끼를 걸고
> 생의 전부가 당신이 되고
> 때때로 피눈물로 온몸이 젖고
> 디딤돌로 밟고 가라는 꿈을 만나서는
> 신생의 발자국에

처음인 것처럼 뜨겁게 눈 맞추면

　　쉼표만큼 달려가선 수줍게 말하지
　　내가 들리느냐고,

　　있잖아
　　우리가 찾아 나선 언어는 말이야
　　사유에 코드를 꽂고
　　인간을 빌어 살아가는 거라니까
　　　　　　　　　　　—「말을 하자면 말이야」 부분

　외부로 나가는 삶은 언어를 만나는 삶이다. 시인에게 상식인 이 말은 그러나 시인의 내면 편에서 보면 고통스러운 사건의 출발일 수밖에 없다. 시의 2연이 그 고통을 직접 표현하고 있는데, "오지 않을 날들"을 찾아 "피눈물"을 흘리는 시인의 모습은 다름 아닌 "신생의 발자국"을 찾아가는 모든 존재들의 운명적인 모습일 것이다. 독자들은 그 시적 창조의 순간이, 앞에서 예를 든 것처럼 유쾌한 상상력으로 펼쳐지는 것과는 달리, 고통으로 표현된다는 사실을 주목할 필요가 있다. 신생의 발자국이 끝내 오지 않을지 모른다는 불안이나 "피눈물"의 상처로 이어지리라는 생각은 실은 특별할 것이 없는 내용이다. 이것은, 대략 말하면, 상식 그 자체이다. 신영연 시인에게 신생이 고통이라는 표현은 그러므로 시의 마지막이 아니라 시의 출발이어야 한다. 상식으로 끝나는 시는 아직 쓰이지 않은 시일뿐이기 때문이다.

  요컨대 시인의 고통 자체가 아니라 고통을 출발점 삼아 이루어낸 것 이후의 내용이 그 시의 의미를 결정한다고 할 수 있다. 우선 신영연 시인에게는, 그 특유의 펀(pun)이 있다. 위 시의 제목도 그렇지만,「간이 맞니?」와 같은 시는 신영연 시인의 언어유희를 가장 적극적으로 드러내는 시인데, 이런 언어유희는 물론 언어 자체에 대한 관심의 결과이다. 위 시「말을 하자면 말이야」가 '말'의 유희라면, "산다는 것은/언어를 마중 나가는 일의 연속이라니까"라는 구절은 그 말의 유희가 결국 삶의 진면모임을 주장하는 것이다. 이 언어유희가 간명한 놀이 표현으로만 가능한 것은 아니다. 신영연 시인에게 그것은 시의 여러 형식을 모색하는 방법론적 차원이라고 할만한데, 다음과 같은 시가 특히 그렇다.

  말줄임표는 누군가 꿈꾸다 채 걷지 못한 발자국이다

&…&…&…&…&……

행간을 건너듯 기타 줄을 퉁긴다

긴 여운을 음계에 실어 소리로써 불러본다

행여 그들이 느낌표 뒤에서 불편한 운율을 들었다던가

아버지가 그러했고 절친한 친구의 주검이 그러했다

앞서간 자들은 메아리가 되어 돌아오지 않았다

도돌이표는 산 자의 실책특권이다

당신이 그 기득권을 포기한다 해도
　　　　　　　　　　　　　―「부메랑효과」 전문

　시는 되돌아오고, 생략되고, 그를 통해 정서 표현에 이르는 언어들의 결집물이다. 「부메랑효과」라는 제목으로 말줄임표, 느낌표, 도돌이표는 그 시적 과정을 압축하는 언어들인데, 모두 언어 표기와 연관된 부호들이고,

따라서 상호간의 의미를 조금씩 나눠 가지고 있는 부호적 놀이를 상징한다. 시와 관련해서 본다면, "말줄임표는 누군가 꿈꾸다 채 걷지 못한 발자국이다"라는 첫 구절이 의미심장하다. 시는 언제나 미완의 꿈으로만 존재한다는 말을 시인은 숨겨서 하고 있는 셈인데, 그 미완의 꿈은 언제나 실패할 수밖에 없는 것이다. 도돌이표의 상징이 바로 그 미완의 꿈과 실패 그리고 그 뒤를 잇는 재도전이라면, 모든 시는 꿈과 실패와 재생이라는 신화적 구조로 이루어지는 언어 구성체라고 할 수 있다. 그 신화적 상징의 과정을 정서적으로 심미화하는 것이 바로 시이다.

그렇다면, 신생을 위한 상식으로서의 고통과 삶의 진면모로서의 언어가 만나서 신영연 시인에게 탄생한 시란 어떻게 더 구체화될 수 있는 것인가? 다시 「말을 하자면 말이야」에서, "처음인 것처럼 뜨겁게 눈 맞추"는 시가 시인 앞에 있을 때, 시인이 보여주는 태도는 "쉼표만큼 달려가선 수줍게 말하"는 태도이다. 처음의 순간, 아주 조금씩, 쉼표만큼씩만 머뭇거림 속에서 탄생하는 것이 시이고, 결국 시의 언어는 '인간을 빈 사유'라는 것이 시인의 결론이다. 이 결론이야말로 시에 대한 신영연 시인의 겸손한 태도를 잘 드러낸다. 신영연 시인의 편을 비롯하여 언어 자체의 구성물과 그 방식에 대해 관심을 기울인다는 사실이야말로 이번 시집의 가장 큰 특징이라면, 그 시편들은 시집의 이곳저곳에 산포되어 있는 언어들의 변주라고도 할 수 있다. 실은 시집의 시편들 전체가 삶의 의미에 대한 언어 놀이이기도 하다.

  그런데 신영연 시인의 시는 그 언어 놀이로서의 시에 대한 겸손한 태도를 잘 갈무리해 둠으로써 시인이 세계 속에 처해있는 위상을 적극적으로 드러내기도 한다. 그가 그의 시에서 "언어로 이은 문장"을 통해 "치사량의 그늘"(「물결의 책장」)에 도달하기를 바란다든지 그 문장들로 이루어진 책을 통해 "비로소 물의 자유를 정독하였네"(「얼음책」)와 같은 표현이 그것을 잘 알려준다면, 다음과 같은 시는 그 시적 도달의 절창이다.

> 창문이 온몸을 흔들어 가뭇한 겨울을 배웅할 때
> 나는 하얗고 노란 나비였는데
> 앵두입술 닮은 봄과 나란히 꽃구경을 나갔더랬다
>
> 천방의 지축은 도솔레미 높이에서 줄넘기를 하고
> 아지랑이 대지에 온기를
> 지피고 있을 때는 모락모락 토끼의 낮잠시간이었다

가파르게 날아온
새의 발자국이 고목의 가지에 잎으로 찍혔다

푸르릉 푸르릉 흔들리며 잎사귀로 자라는 동안
시곗바늘은 두 시 사십 분을 향해 달려가고 있다

짙어가는 색의 합창은 계속될 것이기에 향기로 버무려질 오후에는
집으로 가는 문을 찾아야 한다

허공으로 기지개를 펴는 질감의 박자에 톡톡톡 꽃문 열리는 소리,
산도 들도 다람쥐도 사장조로 어깨를 들썩인다
바람이 중음으로 스치자
노래가 문으로 열리고 나는 배경으로 찍힌다
—「꽃길에 나는」 전문

시에 대한 시인의 겸손한 태도는 맨 마지막 한 구절의 "배경"이라는 말로 완성된다. 시인은 세상을 규정하는 사람이 아니라 그 세상의 배경이 되는 사람이다. 그 배경이 되기까지, 이제 막 겨울을 마친 세계의 하루라는 시간, 혹은 일 년 나아가 하나의 인생이라는 시간이

상징적으로 흘러간다. 겨울이 끝나가는 계절 감각으로부터 시작된 시는 꽃구경의 '봄'—아지랑이의 '낮잠시간'—활력 넘치는 '두시 사십 분'—일과의 마무리 즈음인 '오후'로 전개되는 시간 감각을 보여주는데, 이 시간 감각은 모두 신생의 이미지로 가득 차 있다. 그런데, 그 각각의 흐름 속에서 하루라는 시간이 일 년이라는 계절 감각으로 치환되고, 그것은 다시 한 존재의 생애 전체로 확장될 수 있을 것이다. 이를 통해 시인이 세상의 배경이 되어버린다면, 이 세상의 주인들은 '꽃길'로 상징되는 신생의 존재들이 되는 것이다. 이 세계가 "집으로 가는 문"을 찾는 것은 결국 세계의 안식을 찾는 것이고, 그래서 모든 세상의 흐름이 도달하는 곳을 찾는 것이다. 이 시의 도달점이 배경으로서의 시인이기 때문에, 따라서 독자들은 다만 시인이 잠재되어 있는 세계의 순수한 탄생과 흐름을 보게 된다. 여기에는 순수한 시간의 흐름과 그 흐름들 사이의 사이 시간 속에서 세상이 열리고 접히는 장면이 있다. 이것은 단순한 장면이 아니라 하나의 스펙터클이기도 하다. 이 시 하나로써 시집 전체가 열리고 닫히며 다시 열림을 예감케 하는 상징이 전개되기 때문이다. 신영연 시인의 시가 시를 사유하는 시라는 사실이 이로써 분명히 드러난다. 그런데, 시적 사유 속에서 세상의 신생을 감각하는 시인이 다만 하나의 배경이라는 사실이 중요하다. 이를테면 시인은 시를 지배하는 사람이 아니라 그 시를 탄생시키고 뒤로 물러나는 사람이다. "노래가 문으로 열리고 나는 배경으로 찍힌다" 이 글의 앞에서 우리는 신영연 시인의 시가 바로 노래 자체라는 사실을 이야기 했다. 여기에서 언급되는 노래와 함께 우리는 신영연 시인의 노래 전체가 곧 지금 우리가 손에 들고 있는 시집이라는 사실을 알 수 있다. 그 노래가 세상 모든 존재를 끌어들이는 문으로 열릴 때, 시인은 다만 배경이 된다. 시인의 겸손함이란 바로 이런 것이다. 노래로서의 시를 만들어내되 단지 배경으로 존재하는 시인이 그것이다. 신영연 시인은 그 겸손으로서 이미 꽃길 위에 서 있는 시인이다.

시인의 말

그곳으로 오면 있다

숨겨진 것을 찾는 시간의 걸음들

그것이 무엇이든 그대가 찾았다면 그건 보물이다

2015년 초가을

신영연

안녕이 저만치 걸어가네

2015년 9월 10일 초판 1쇄 찍음
2015년 9월 15일 초판 1쇄 펴냄

지은이 _ 신영연
펴낸이 _ 양문규
펴낸곳 _ 詩와에세이

신고번호 _ 제319-2005-000014호
주　　소 _ (03748)서울시 서대문구 북아현로 16길 7, 2층
대표전화 _ (02)324-7653, 070-8877-7653
팩시밀리 _ 0505-116-7653
휴대전화 _ 010-5355-7565
전자우편 _ sie2005@naver.com
공 급 처 _ 한국출판협동조합
주문전화 _ (02)716-5616
팩시밀리 _ (031)944-8234~6

ⓒ신영연, 2015
ISBN 979-11-86111-11-6 (03810)

* 지은이와 협의하여 인지는 생략합니다.
* 이 책 내용의 전부 또는 일부를 재사용하려면 반드시 지은이와
  詩와에세이 양측의 동의를 받아야 합니다.
* 책값은 뒤표지에 표시되어 있습니다.